JN134011

FRYING PAN RAGOÛT

🍳 フライパン煮込み

若山曜子

はじめに

誰にとってもおそらく、そして私にとっても、
いちばん身近な調理器具は、やっぱりフライパン。
普段からフライパンを使っているにもかかわらず、
実は私、あまり炒めものを作りません。
油をケチるからか、火力が足りないからか、はたまた腕力の問題か。
中華料理屋さんでいただくようなシャキッとした炒めものって、難しいのです。

かわりによく作るのは、炒めて、少しの水分とクリームで煮込むもの。
フランスではフリカッセ（fricassée）と呼ばれる、白い煮込みです。
お肉や魚は、先に表面を焼きつけるだけ。
あとで煮るので、火の通り具合を特に気にしなくてもいいし、
フライパンを洗わずに続けて入れる具材に、肉や魚のうまみがプラスされる。
洗いものが少ないのも魅力です。
温め直す時に少し水分を足せば、十分おいしい。
むしろ、時間が経っておいしくなるものも。

なによりもうれしいのが、フライパンの表面積の大きさ。
クリームを入れてフリカッセにしなくたって、あっという間に火が通るので、
さっと煮る料理にも最適なのです。

この本のレシピは、どれも煮込み時間は15分以内。
そして少し汁けがあるので、白いごはんにかけるのはもちろん、
パスタやパンともよく合う、おいしいおかずになってくれます。
たとえば残った時、翌日「あ、あれがある！」となるのも、うれしいのです。

タイトルのラグー（ragoût）とは、
フランスやイタリアで「軽く煮込んだもの」という意味。
フライパン1つで軽く煮込めば、すぐにできるワンプレートディッシュ。
時間はあまりないけれど、しっかり食べたい、食べてもらいたいという時に、
私が作るメニューばかりです。

若山曜子

- 6 基本の煮込みを作りましょう！（鶏もも肉のマスタードクリーム煮）
- 8 ごはんいろいろ
  （パセリ入りピラフ／にんじんピラフ／ナッツごはん／レモンライス）
- 8 フライパンについて／調味料について

Chapter.1 Simple Ragoût 【シンプル煮込み】

- 10 鶏もも肉のレモンクリーム煮
- 11 鶏もも肉のプチトマト煮
- 12 豚バラとキャベツのみそにんにく煮込み
  Side dish　大根とえのきの梅あえ
- 13 豚バラと白菜の和風重ね煮
- 14 ベーコンとブロッコリーの
  カルボナーラ風
- 15 ソーセージとキャベツのザワークラウト風
  Side dish　マッシュルームのサラダ
- 20 ひき肉と根菜の和風ボロネーゼ
- 21 ひき肉ときのこの重ね煮
- 22 豆腐とキムチのチゲ
  Side dish　きゅうりと青じそのごま油炒め
- 23 ハムと白菜のミルク煮

Chapter.2 Meat Ragoût 【肉の煮込み】

- 28 手羽元のパプリカ煮
- 29 鶏もも肉とアボカドの
  グリーンカレー煮
- 30 鶏団子のかぼちゃクリーム煮
- 31 鶏もも肉とさつまいもの
  ゴルゴンゾーラ煮
- 32 豚肉と里いもの梅高菜煮
- 32 豚肉とりんごの白ワイン煮
- 33 豚バラと大根の赤みそカレー
- 38 豚ヒレ肉と野菜のバルサミコ煮
- 39 豚肉のプルーンロールの赤ワイン煮
- 40 ひき肉、なす、ピーマンのバジル煮込み
- 41 カリフラワー入りドライカレー
- 46 チリコンカン
  Side dish　アボカドと紫玉ねぎのサラダ
- 48 台湾風ひき肉煮込み
  Side dish　大根のスープ
- 50 牛肉ときのこのハッシュドビーフ風
  Side dish　アスパラとゆで卵のサラダ
- 52 牛肉と大根のゆずこしょう風味
  Side dish　水菜とカリカリじゃこのサラダ
- 54 ハーブ入りハンバーグのトマト煮

Chapter.3 Fish & Seafood Ragoût 【魚の煮込み】

56	鮭の梅クリーム煮
57	かじきのトマトオリーブ煮
57	白身魚の豆豉(トウチ)煮
58	えびのトマトクリーム煮
59	えびとしいたけの春雨煮
59	あさりと小松菜のガーリック煮
64	いかとレンズ豆のクミン風味 　Side dish　にんじんとオレンジのサラダ
66	ほたて、かぶ、里いもの豆乳煮

Chapter.4 Vegetable, Tofu, Beans Ragoût 【野菜、豆腐、豆の煮込み】

68	カリフラワーと桜えびのにんにく煮
69	ラタトゥイユ
69	かぼちゃとさつまいもの アンチョビバターレモン煮
70	和風麻婆(マーボー)豆腐
71	豆腐入りえび団子とかぶのだし煮
76	レンズ豆のココナッツカレー 　Side dish　オクラとみょうがのあえもの
78	厚揚げのベトナム風トマト煮

Chapter.5 Special Ragoût 【ごちそう煮込み】

80	かぶのひき肉詰めのドライトマト煮
81	ラムチョップのタジン風
82	えびと白身魚のブイヤベース風
83	白身魚のえびチリ卵
86	かきとほうれんそうのクリーム煮 　Side dish　じゃがいもとケッパーのサラダ

【この本での約束ごと】
- 1カップは200ml、1合は180ml、大さじ1は15ml、小さじ1は5mlです。
- 「ひとつまみ」とは、親指、人さし指、中指の3本で軽くつまんだ量のことです。
- オリーブ油はエキストラ・バージン・オリーブオイル、塩は「ゲランドの塩」、こしょうは粗びき黒こしょう、だし汁は昆布やかつお節などでとったものを使っています。
- 電子レンジの加熱時間は、600Wのものを基準にしています。500Wの場合は、1.2倍の時間を目安にしてください。機種によっては、多少差が出ることもあります。

Basic Ragoût
基本の煮込みを作りましょう！

フライパン煮込みのいちばんのよさは、肉をしっかり焼きつけられること。
鶏肉の皮目をこんがり焼いてから煮ると、香ばしさがうまみになり、
そこにワインを加えて煮立たせることで、風味をプラスします。
底が広いフライパンだから、さっと火が通って、水分がとぶのも早く。
最後に生クリームを加えたら火を強め、とろりとしたら完成です。

鶏もも肉のマスタードクリーム煮

材料（2〜3人分）

鶏もも肉 … 2枚（500g）
　塩 … 小さじ⅓
　こしょう … 少々
玉ねぎ（1cm幅に切る）… ½個
白ワイン … 大さじ4
粒マスタード、しょうゆ … 各大さじ1
生クリーム … ¼カップ
オリーブ油 … 少々

1 肉を焼きつける

鶏肉は脂肪をキッチンばさみで除き、1枚につき3等分に切り、塩、こしょうをふる。

フライパンにオリーブ油を熱し、鶏肉を皮目から強火で焼く。

出てきた脂はキッチンペーパーでふく。

脇に玉ねぎを加えてさっと炒め、

2 白ワインを加える

鶏肉の皮目がこんがり焼けたら、裏返してさっと焼き、白ワインを加えて煮立たせる。

3 ふたをして煮込む

粒マスタードとしょうゆを混ぜて回しかけ、

ふたをして、弱めの中火で5分煮る。
＊水分がとびやすいので、汁けが足りなければ水を足して

4 生クリームをからめる

ふたをとって生クリームを加え、火を強めてとろみがつくまで煮詰める。
＊生クリームのかわりに、バター大さじ1でもおいしい
＊温め直す時は、水を足してとろみを調節して

ごはんいろいろ

煮込みをかけておいしい、ごはんのバリエーションです。
バターやスパイス、ナッツのコクを加えると、満足度がアップします。

パセリ入りピラフ

ほんのりバターが香るピラフに、
パセリの風味がアクセントです。

材料（作りやすい分量）
米（洗う）…2合（360ml）
A ┃ 玉ねぎ（みじん切り）…½個
　 ┃ 固形スープの素…½個
　 ┃ バター…小さじ1
　 ┃ ローリエ（あれば）…1枚
パセリ（みじん切り）…大さじ2

炊飯器に米を入れて普通に水加減し、Aを加えて炊く。器に盛り、パセリを散らす。

にんじんピラフ

にんじんの甘みとコンソメで炊いた、
オレンジ色がかわいいごはんです。

材料（作りやすい分量）
米（洗う）…2合（360ml）
にんじん（みじん切り）…1本
固形スープの素…½個
バター…小さじ1

炊飯器に米を入れて普通に水加減し、残りの材料を加えて炊く。

ナッツごはん

ナッツのカリッとした香ばしい食感に、
クミンの香りが食欲をそそります。

材料（2〜3人分）
ごはん…茶碗2杯分
A ┃ スライスアーモンド
　 ┃ 　（からいりする）…大さじ1
　 ┃ クミンシード*
　 ┃ 　（からいりする）…小さじ1
　 ┃ 塩…小さじ⅓
白いりごま（からいりする）…少々
*45ページ参照

ごはんにAを加えてさっくり混ぜ、器に盛って白ごまをふる。

レモンライス

レモンの酸味に、バターをからめて。
すりおろしたレモンの皮もさわやか。

材料（2〜3人分）
ごはん…茶碗2杯分
A ┃ バター…小さじ1
　 ┃ レモンの皮
　 ┃ 　（ワックス不使用のもの・
　 ┃ 　すりおろす）…⅙個分
　 ┃ にんにく（すりおろす）…少々
塩…小さじ⅓
レモン汁…小さじ1

耐熱容器にAを入れ、電子レンジで加熱してバターを溶かす。ごはんに塩とともに加えてさっくり混ぜ、レモン汁をかける。

フライパンについて

この本で使っているのは、直径24〜26cm、底径18〜20cm、深さ4〜5cmのフッ素樹脂加工のふたつきのもの。汁けのある煮込みには、やや深さがあるものがおすすめ。フライパンは表面積が広く、水分が蒸発しやすいので、汁けが少なくなったら、調味料ではなく水を足して調整して。

調味料について

塩は塩味のまろやかな「ゲランドの塩」（顆粒）、こしょうは黒粒こしょうをそのつど挽いて使っています。白ワインは手頃なもので十分ですが、甘みが少ない辛口タイプがおすすめ。鶏ガラスープの素は、化学調味料無添加の顆粒タイプ。生クリームは乳脂肪分35％のもので、煮詰めて使うので、40％以上でなくてもOKです。

Chapter.1
Simple Ragoût

🍳 シンプル煮込み

身近な食材で作れる、バラエティ豊かな煮込みです。
フライパンなら、煮込み時間が短いだけでなく、
全体に均一に火が通るので、重ね煮もとびきりおいしく。
火が通りにくいものは、先にさっと炒めるのがコツで、
油が回って香ばしく、うまみもぎゅっと凝縮します。
白いごはんによく合うものばかりですが、
手軽なパセリライスやピラフにかけるのもおすすめ。

1. 鶏もも肉のレモンクリーム煮
Chicken in Lemon Cream

しっかり焼きつけた鶏肉の皮目の香ばしさが、味の決めて。
煮込むとおいしいだしが出るきのこは、
マッシュルームのほかエリンギ、しめじでも合います。
レモンの薄切りは、長く煮ると苦みが出るので、
最後に加えてさっと風味をつけます。
⇒作り方は16ページ

2. 鶏もも肉のプチトマト煮
Chicken with Cherry Tomatoes

トマトは加熱することで、甘さと香りが増していいソースに。
プチトマトが甘みが強くておすすめですが、
皮が気になるようなら、普通のトマトでもOKです。
ハーブはバジルやオレガノ、和風にするなら青じそでも。
仕上げのバルサミコで、酸味とコクをプラスします。
⇒作り方は16ページ

大根とえのきの梅あえ

3.
豚バラとキャベツの みそにんにく煮込み
Pork & Cabbage in Miso and Garlic

みそ、にんにく、豆板醤、唐辛子で味つけした、
ピリッとパンチのきいた、もつ煮込み風です。
ごはんにのせて食べたり、豆腐を加えてもおいしい。
どっさり入れたキャベツがくたっとなって、
たっぷり食べられるのがうれしいです。
⇒作り方は17ページ

4.
豚バラと白菜の和風重ね煮
Pork & Chinese Cabbage with Ginger

豚バラ、白菜、えのき、しょうがを重ねて煮ることで、
くたくたの白菜にうまみがしみて、ぐっと味わい深く。
味つけは、シンプルに塩と酒だけなので、
七味やすだちをかけたり、ゆずこしょうをつけて食べても。
翌日、さらにくったりしたところも美味です。
⇒作り方は18ページ

5. ベーコンとブロッコリーのカルボナーラ風

Carbonara with Bacon and Broccoli

ベーコン、卵、生クリーム、チーズを組み合わせて作る、
みんなが好きなカルボナーラ風の煮込み。
そこに、たっぷりのブロッコリーを加えます。
やわらかくなったブロッコリーが、とびきりのおいしさ。
カリフラワーやアスパラ、キャベツ、じゃがいもで作っても。
⇒作り方は18ページ

マッシュルームの
サラダ

6. ソーセージとキャベツの
ザワークラウト風
Sauerkraut with Sausage

材料を一度に入れて、火にかけるだけの手軽なレシピ。
ドイツのキャベツの塩漬け・ザワークラウト風の味つけで、
せん切りキャベツをさっぱりと煮込みました。
そこにソーセージを加えて、うまみをプラス。
ソーセージのかわりに、かたまりのベーコンでも作れます。
⇒作り方は19ページ

♦ Simple Ragoût

1. 鶏もも肉のレモンクリーム煮
Chicken in Lemon Cream

材料（2〜3人分）

鶏もも肉（4等分に切る）…2枚（500g）
　塩…小さじ1
　こしょう…少々
　小麦粉…大さじ1
玉ねぎ（薄切り）…½個
マッシュルーム（縦半分に切る）
　…1パック（100g）
白ワイン…大さじ4
生クリーム…½カップ
レモン汁…大さじ1
レモン…薄切り3枚
オリーブ油…少々
バター…小さじ1

作り方

1 鶏肉は塩、こしょうをふって小麦粉をまぶし、オリーブ油を熱したフライパンの強火で皮目からこんがり焼き、裏返してさっと焼いて取り出す。脂はペーパーでふく。

2 続けてバター、玉ねぎ、マッシュルームを入れて弱めの中火で炒め、しんなりしたら1、白ワインを加えて煮立たせる。水¼カップを加え、ふたをして弱めの中火で5分煮る。

3 生クリームを加え、火を強めてとろみをつけ、塩、こしょう（ともに分量外）で味を調える。レモン汁、レモンを加え、さっと煮る。

2. 鶏もも肉のプチトマト煮
Chicken with Cherry Tomatoes

材料（2〜3人分）

鶏もも肉（3等分に切る）…2枚（500g）
　塩…小さじ1
　こしょう…少々
プチトマト（縦半分に切る）…1パック（200g）*
にんにく（つぶす）…1かけ
白ワイン…¼カップ
タイム（生・ちぎる）…1本
バルサミコ酢…小さじ1**
オリーブ油…大さじ1

*トマト2個（ざく切り）でもOK
**42ページ参照

作り方

1 フライパンにオリーブ油、にんにくを入れて弱火にかけ、香りが出たら塩、こしょうをふった鶏肉を加えて強火で皮目からこんがり焼き、裏返す。脂はペーパーでふく。

2 白ワインを加えて煮立たせ、プチトマト、タイムを加え、ふたをして弱めの中火で3分煮る。

3 ふたをとり、火を強めて5分ほど煮詰め、バルサミコ酢を加えてさっとからめる。

【タイム】肉や魚の香草焼き、煮込み料理に使われる、さわやかな香りのハーブ。トマト煮やクリーム煮、白ワイン煮にもよく合う。使いきれなかったら、乾燥させて保存を。

3. 豚バラとキャベツのみそにんにく煮込み
Pork & Cabbage in Miso and Garlic

材料 (2～3人分)

豚バラ薄切り肉(5cm長さに切る)
　… 5枚(150g)
キャベツ(4cm角に切る)… 1/3個
にら(3cm長さに切る)… 1/2束
A　
　みそ… 大さじ2
　しょうゆ… 大さじ1
　酒… 小さじ2
　豆板醤、砂糖… 各小さじ1
　にんにく(すりおろす)… 1かけ
　赤唐辛子(小口切り)… 1/3本
ごま油… 小さじ1

作り方

1. フライパンにごま油を熱し、豚肉を中火で色が変わるまで焼き、キャベツを加えてふたをして1～2分蒸し煮にする。
2. 混ぜたA、水3/4カップを加え、ふたをして弱めの中火で10分煮る。にらを加え、さっと火を通す。

大根とえのきの梅あえ　　　Side dish

シャキシャキのせん切り大根に、梅風味のえのきをどっさりと。
削り節とすだちをかけた、ごはんがすすむ一品です。

材料 (2～3人分)

大根(せん切り)… 7cm
えのきだけ… 1袋(100g)
A　梅干し(たたく)、しょうゆ、みりん
　　… 各大さじ1/2
削り節、すだち… 各適量

作り方

1. えのきは熱湯でさっとゆで、ざく切りにし、Aを加えてあえる。
2. 器に大根を盛り、1、削り節をのせ、すだちを添えて絞って食べる。

● Simple Ragoût

4. 豚バラと白菜の和風重ね煮
Pork & Chinese Cabbage with Ginger

材料（2〜3人分）

豚バラ薄切り肉（5cm長さに切る）…5枚（150g）
白菜（長さを4等分に切り、
　芯は縦4等分に切る）…¼株
えのきだけ（長さを半分に切る）…1袋（100g）
しょうが（せん切り）…1かけ
塩…小さじ1
酒…大さじ2
ごま油…大さじ1

作り方

1. フライパンに白菜の芯の部分⇒塩の半量としょうが⇒豚肉（広げて）とえのき⇒残りの白菜と塩の順に重ねて入れる。
2. 酒、ごま油を回しかけ、ふたをして弱めの中火で15分煮る。
   ＊さらに5分煮込んで、くったりさせてもおいしい

5. ベーコンとブロッコリーのカルボナーラ風
Carbonara with Bacon and Broccoli

材料（2〜3人分）

ベーコン（3cm長さに切る）…6枚
卵…2個
ブロッコリー（小房に分ける）…大1株
にんにく（薄切り）…1かけ
生クリーム…¾カップ
パルメザンチーズ…大さじ4
塩…ひとつまみ
オリーブ油…大さじ1
こしょう…少々

作り方

1. フライパンにオリーブ油、にんにくを入れて弱火にかけ、香りが出たらベーコンを加えて中火でさっと炒め、ブロッコリー、塩を加えて油が回るまで炒める。
2. 水½カップを加え、ふたをして弱火で10分煮る。
3. 生クリームを加え、火を強めてとろみをつけ、卵を落としてふたをして1分煮る。卵が固まったら、チーズ、こしょうをふる。
   ＊パセリバターライス（ごはん茶碗2杯分に、パセリのみじん切り大さじ2、バター小さじ2、塩ひとつまみを混ぜたもの）を添える

6. ソーセージとキャベツのザワークラウト風
Sauerkraut with Sausage

材料（2〜3人分）

ソーセージ（斜め半分に切る）… 大3本（300g）
キャベツ（せん切り）… 1/4個
にんにく（つぶす）… 1かけ
白ワインビネガー … 大さじ1
鶏ガラスープの素、オリーブ油 … 各小さじ2
塩 … 小さじ1/3
こしょう … 少々
ローリエ（あれば）… 1枚

作り方

1. フライパンに材料すべてと水3/4カップを入れ、ふたをして弱めの中火で15分煮る。
2. 器に盛り、粒マスタード（分量外）を添える。

＊パセリ入りピラフ（8ページ）を添える

マッシュルームのサラダ　　　　　　　Side dish

イタリアで食べた、レモンの酸味がきいたサラダです。
生のマッシュルームの食感を生かし、チーズでコクをプラスします。

材料（2〜3人分）

マッシュルーム（薄切り）… 1パック（100g）
レモン汁 … 小さじ1
A ┃ オリーブ油 … 大さじ1
　 ┃ 塩 … ひとつまみ
　 ┃ こしょう … 少々
パルメザンチーズ、レモン … 各適量

作り方

1. ボウルにマッシュルーム、レモン汁を入れて混ぜ、Aを加えてあえる。
2. 器に盛ってチーズをふり、レモンを添えて絞って食べる。

7. ひき肉と根菜の和風ボロネーゼ
Japanese-Style Bolognese with Minced Beef and Pork & Root Vegetables

ごぼうとしめじのうまみが、口いっぱいに広がります。
赤ワインをふってコクを加え、和洋折衷の味わいに。
根菜ときのこが1種類ずつ入るとおいしく、
れんこんとしいたけで作るのもおすすめです。
パスタにかけて食べてもよく合います。
⇒作り方は24ページ

8. ひき肉ときのこの重ね煮
Minced Pork & Mushroom in White Wine

ひき肉には水分を練り混ぜてしっとりさせ、
きのこと重ねて煮ることで、うまみを移します。
きのこは煮るとカサが減るので、思いきってどっさり使って。
かわりに、キャベツや白菜でもおいしく作れます。
最後にしょうゆを回しかけ、ごはんがすすむひと皿に。
⇒作り方は24ページ

きゅうりと青じそのごま油炒め

9.
豆腐とキムチのチゲ
Sundubu jjigae

豚バラ肉に煮干しのだしを合わせた、韓国風の煮込みです。
豚肉をまず、こんがりするまで炒めるのがポイント。
その脂をキムチと長ねぎにからめることで、
肉のコクを全体にしっかり移します。
みそによって塩けが違うので、味をみて加減して。
⇒作り方は25ページ

10.
ハムと白菜のミルク煮
Ham & Chinese Cabbage in Milk

牛乳で煮た白菜のやさしい甘みに、
ハムとほたて缶を合わせて、うまみを加えました。
白菜は煮込んだ時に軽くとろみがつくように、
芯の部分を先にバターで炒めて、小麦粉をふっておくのがコツです。
⇒作り方は26ページ

◆ Simple Ragoût

7. ひき肉と根菜の和風ボロネーゼ
Japanese-Style Bolognese with Minced Beef and Pork & Root Vegetables

材料（2〜3人分）

合びき肉 … 200g
A
- ごぼう（粗みじん切り）… 1本（150g）
- しめじ（粗みじん切り）… ½パック（50g）
- 玉ねぎ（みじん切り）… ½個
- にんにく（みじん切り）… ½かけ

赤唐辛子（小口切り）… 少々
赤ワイン … 70ml
みそ … 大さじ2
ケチャップ … 大さじ1〜2

作り方

1 フライパンを何もひかずに熱し、ひき肉に塩、こしょう各少々（分量外）をふってフライ返しで押しつけながら中火で両面をこんがり焼き、ほぐす。Aを加え、玉ねぎが透き通るまで炒める。

2 赤ワイン、赤唐辛子を加えて煮立たせ、水1½カップを加えてふたをし、煮立ったら弱めの中火で10分煮る。

3 みそ、ケチャップを加え、火を強めて汁けがなくなるまで1〜2分煮詰める。

8. ひき肉ときのこの重ね煮
Minced Pork & Mushroom in White Wine

材料（2〜3人分）

豚ひき肉 … 150g
A
- 玉ねぎ（みじん切り）… ¼個
- パン粉 … 大さじ5
- 水（または牛乳）… 大さじ2
- 塩 … 小さじ⅓

しめじ（ほぐす）… 2パック（200g）
えのきだけ（長さを半分に切る）… 1袋（100g）
マッシュルーム（縦半分に切る）
　… 1パック（100g）
B
- 塩 … ひとつまみ
- にんにく（みじん切り）… ½かけ
- オリーブ油 … 大さじ1

白ワイン … 大さじ4
しょうゆ … 小さじ½
イタリアンパセリ（ざく切り）… 適量

作り方

1 ボウルにひき肉、Aを入れ、粘りが出るまで手で練り混ぜ、直径12cmくらいの平たい丸形にまとめる。

2 別のボウルにきのこ、Bを入れ、手でさっとあえる。フライパンにこれの半量⇒1⇒残りのきのこの順に重ねて入れ、白ワインを加え、ふたをして弱めの中火で15分煮る。

3 しょうゆを回しかけ、器に盛ってイタリアンパセリをのせ、こしょう（分量外）をふる。

＊きのこは好みでまいたけ、エリンギ、しいたけなど、合わせて400gを使って

9. 豆腐とキムチのチゲ
Sundubu jjigae

材料（2〜3人分）

- 木綿豆腐（5cm角に切る）… 1丁（300g）
- 豚バラ薄切り肉（2cm幅に切る）… 5枚（150g）
- 白菜キムチ（食べやすく切る）… 100g
- 長ねぎ（2cm幅の斜め切り）… 2本
- にんにく（薄切り）… ½かけ
- 煮干し（頭と腹ワタをとり、できれば水にひと晩つける）… 8尾（10g）
- 水 … 1½カップ
- 酒 … 大さじ2
- みそ … 小さじ2
- ごま油 … 少々
- 万能ねぎ（小口切り）… 適量

作り方

1. フライパンにごま油を熱し、豚肉、にんにくを中火でこんがり炒め、キムチ、長ねぎを加えてさっと炒める。
2. 豆腐、酒を加えて煮立たせ、だし汁（煮干しごと）を加えてふたをし、煮立ったら弱めの中火で15分煮る。
3. みそで味を調え、器に盛って万能ねぎを散らす。

きゅうりと青じそのごま油炒め — Side dish

中華料理店で食べて、気に入ったひと皿。
ごま油で炒めたきゅうりに、青じそがふわりと香ります。

材料（2〜3人分）

- きゅうり（皮をところどころむき、乱切り）… 2本
- 青じそ（ちぎる）… 5枚
- にんにく（みじん切り）… ½かけ
- 塩 … 小さじ⅓
- ごま油 … 大さじ½

作り方

1. フライパンにごま油、にんにくを入れて弱火にかけ、香りが出たらきゅうりを加えて中火でさっと炒め、塩をふる。
2. 青じそを加え、さっと炒める。

♦ Simple Ragoût

10. ハムと白菜のミルク煮
Ham & Chinese Cabbage in Milk

材料 （2～3人分）

白菜（長さを4等分に切り、
　芯は縦4等分に切る）… ¼株
A ┃ ロースハム（縦3等分に切る）… 5枚
　┃ ほたて水煮缶 … 小1缶（65g）
　┃ しょうが（せん切り）… ½かけ
　┃ 牛乳 … 1½カップ
　┃ 鶏ガラスープの素 … 小さじ1
小麦粉 … 大さじ2
塩 … 小さじ⅓
バター … 大さじ1
しょうゆ、こしょう … 各少々

作り方

1. フライパンにバターを溶かし、白菜の芯の部分に塩をふって中火で油が回るまで炒め、小麦粉を全体にふる。
2. 残りの白菜、A（ほたて缶は汁ごと）を加え、ふたをして弱めの中火で10分煮る。
3. ふたをとり、火を強めてとろみをつけ、しょうゆで味を調える。器に盛り、こしょうをふる。

Point

白菜はかたい芯の部分をまずバターでさっと炒め、油が回ったら、小麦粉を全体にふり入れる。これで、煮込んだ時に煮汁にゆるいとろみがついて、味がまんべんなくからむ。

Chapter.2
Meat Ragoût

🍳 肉の煮込み

肉は先にこんがり焼きつけることで、肉汁を逃さず、
その香ばしさが、煮込み全体のコクに変わります。
出てきた脂はペーパーでふくと、すっきりとした味に。
また、肉に塩をしっかりめにふるのが大切。
食べた時に肉が味わい深く、よりおいしく感じられます。
玉ねぎやきのこはうまみに、ハーブは香りになるので、
少量でも加えると、深みのある味に仕上がります。

1. 手羽元のパプリカ煮
Paprika Chicken Drumsticks

トマトとパプリカパウダーを使った、色鮮やかな煮込み。
東欧料理のパプリカ煮を、私流にアレンジしました。
鶏肉は、水炊き用の骨つきぶつ切り肉だとよりおいしく、
サワークリームがもしもあれば、
ヨーグルトのかわりに加えると、コクが増します。
ヨーグルトは、鍋の中で混ぜてもOKです。
⇒作り方は34ページ

2. 鶏もも肉とアボカドの グリーンカレー煮
Chicken & Avocado in Green Curry

市販のカレーペーストを使った、手軽なグリーンカレー。
カレーペーストは先に炒めることで、
香りと辛みを立たせるのがポイントです。
アボカドで辛みをやわらげつつ、色もきれいに。
仕上げのナンプラーで、塩けは調整してください。
⇒作り方は34ページ

3. 鶏団子のかぼちゃクリーム煮
Chicken Meatballs in Pumpkin Cream

かぼちゃの甘みが生クリームに溶け込んだ、
見ためにもかわいい濃厚ソースが味のベース。
鶏ひき肉で作るのが、あっさりとしておすすめですが、
なければ豚ひき肉で作ってもおいしい。
最後にカレー粉をふって、パスタに合う味わいにします。
⇒作り方は35ページ

4. 鶏もも肉とさつまいもの ゴルゴンゾーラ煮
Chicken & Sweet Potato in Gorgonzola

クセのあるゴルゴンゾーラの塩けとコクには、
甘みのあるものがよく合います。
今回は、ほくほくのさつまいもとの取り合わせに。
ブロッコリーやアスパラ、カリフラワーなど、
ゆでておいしい野菜をさらに加えても美味です。
⇒作り方は36ページ

5.
豚肉と里いもの梅高菜煮
Pork & Taro with Pickled Plum and Takana

豚肉に高菜と梅干しを合わせた和風の煮込みは、
ごはんがすすむ、しっかりとした味わい。
里いもは火が通りにくいので、薄めに切りましょう。
⇒作り方は36ページ

6.
豚肉とりんごの白ワイン煮
Pork & Apple in White Wine

豚肉とりんごは、フレンチでも人気が高い組み合わせ。
煮くずれたりんごのソースが、甘酸っぱくておいしい。
豚肉は薄めに切ってソテーし、やわらかく仕上げます。
⇒作り方は37ページ

7.
豚バラと大根の赤みそカレー
Red Miso Curry with Pork and Japanese White Radish

豚バラ肉のうまみに、赤みそを加えることで、
まるでひと晩じっくり煮込んだような
深みのある味わいのカレーになります。
大根は小さめに切ると、早く煮えてやさしい甘みも出ます。
最後ににらを加え、さっと煮るのもおすすめ。
⇒作り方は37ページ

♦ Meat Ragoût

1. 手羽元のパプリカ煮
Paprika Chicken Drumsticks

材料（2〜3人分）

鶏手羽元 … 6本（300g）
   塩 … 小さじ2/3
   こしょう … 少々
玉ねぎ（薄切り） … 1/2個
パプリカ（赤・縦1cm幅に切る） … 1個
にんにく（つぶす） … 1かけ
トマト（ざく切り） … 1個
白ワイン … 3/4カップ
A｜パプリカパウダー、ケチャップ … 各大さじ1
オリーブ油 … 少々
バター … 大さじ1
プレーンヨーグルト … 100g*

＊キッチンペーパーを敷いたざるにのせ、30分水きりする

作り方

1 フライパンにオリーブ油、にんにくを入れて弱火にかけ、香りが出たら塩、こしょうをふった手羽元を加えて強火で全体をこんがり焼き、取り出す。脂はペーパーでふく。

2 続けて玉ねぎ、パプリカを入れて中火で炒め、しんなりしたら1、白ワインを加えて煮立たせる。トマト、Aを加え、ふたをして弱めの中火で15分煮る。

3 塩、こしょう（ともに分量外）で味を調え、火を止めてバターをからめる。器に盛り、水きりヨーグルトを添える。

2. 鶏もも肉とアボカドのグリーンカレー煮
Chicken & Avocado in Green Curry

材料（2〜3人分）

鶏もも肉（4cm角に切る） … 1枚（250g）
ピーマン（乱切り） … 4個
アボカド（3cm角に切る） … 1個
グリーンカレーペースト … 大さじ1
ココナッツミルク … 1カップ
ナンプラー … 大さじ1
香菜（ざく切り） … 適量

作り方

1 フライパンを何もひかずに熱し、カレーペーストを中火で炒め、香りが出たら鶏肉を加えて色が変わるまで炒める。ピーマンを加え、さっと炒める。

2 ココナッツミルク、水1カップを加え、ふたをして弱めの中火で5分煮る。

3 アボカドを加えてさっと混ぜ、ナンプラーで味を調え、器に盛って香菜をのせる。

＊タイ米を添える

【グリーンカレーペースト】青唐辛子を使用した、刺激的な辛さのタイカレーペースト。ひき肉炒めやチャーハンに加えてもおいしく、残ったら冷凍保存するのがおすすめ。

3. 鶏団子のかぼちゃクリーム煮
Chicken Meatballs in Pumpkin Cream

材料（2〜3人分）

鶏ひき肉（もも）… 200g

A
- 玉ねぎ（みじん切り）… ¼個
- にんにく（みじん切り）… ½かけ
- パン粉… 大さじ5
- 水… 大さじ1
- 塩… 小さじ½
- こしょう、ナツメグ… 各少々

かぼちゃ… ¼個（400g）
小麦粉… 大さじ1
白ワイン… ¼カップ
生クリーム… ½カップ
カレー粉… 少々
オリーブ油… 小さじ1

Point

かぼちゃは耐熱皿にのせてラップをかけ、電子レンジで1分加熱してやわらかくしてから切るとラク。種とワタを除き、皮をところどころむいて2cm角に切る。

作り方

1. かぼちゃは耐熱皿にのせてラップをかけ、電子レンジで1分加熱し、種とワタを除いて皮をところどころむき、2cm角に切る。
2. ボウルにひき肉、Aを入れ、粘りが出るまで手で練り混ぜ、9等分して丸め、小麦粉をまぶす。オリーブ油を熱したフライパンの中火で、全体をこんがり焼く。
3. 1、白ワインを加えて煮立たせ、水1カップを加え、ふたをして弱めの中火で10分煮る。生クリームを加え、火を強めてとろみをつけ、塩（分量外）で味を調える。カレー粉をふり、ひと混ぜする。

＊フェットチーネ（フェットチーネ70gをゆで、バター小さじ2をからめたもの）を添える

鶏団子は小麦粉をまぶし、中火で転がしながら全体をこんがり焼く。小麦粉をまぶすのは、うまみを逃さないようにするのと、煮込んだ時にとろみをつけるため。

● Meat Ragoût

4. 鶏もも肉とさつまいものゴルゴンゾーラ煮
Chicken & Sweet Potato in Gorgonzola

材料（2～3人分）

鶏もも肉（4等分に切る）… 2枚（500g）
　塩 … 小さじ½
　こしょう … 少々
さつまいも（皮ごと1cm幅の輪切り）
　… 小1本（200g）
玉ねぎ（粗みじん切り）… ½個
白ワイン … ½カップ
生クリーム … 120ml
ゴルゴンゾーラチーズ（ちぎる）… 40g
オリーブ油 … 少々

作り方

1. 鶏肉は塩、こしょうをふり、オリーブ油を熱したフライパンの強火で皮目からこんがり焼き、裏返してさっと焼いて取り出す。脂はペーパーでふく。
2. 続けてさつまいも、玉ねぎを入れて中火で炒め、玉ねぎがしんなりしたら1、白ワインを加えて煮立たせる。水1カップを加え、ふたをして弱めの中火で12～13分煮る。
3. 生クリーム、ゴルゴンゾーラを加え、火を強めてとろみをつける。

【 ゴルゴンゾーラチーズ 】イタリアのブルーチーズの代表で、ピリッとした香りと強い塩けが特徴。生クリームとともに電子レンジで加熱し、パスタやゆでじゃがいもにかけても。

5. 豚肉と里いもの梅高菜煮
Pork & Taro with Pickled Plum and Takana

材料（2～3人分）

豚肩ロースかたまり肉（1cm厚さに切り、
　半分に切る）… 300g
里いも（7mm幅の輪切り）… 4個（240g）
A ┃ 刻み高菜漬け … 50g
　┃ 梅干し（たたく）… 1個
　┃ 紹興酒（または酒）… 大さじ2
　┃ しょうゆ、砂糖 … 各大さじ½
塩 … 小さじ⅔
ごま油 … 少々

作り方

1. 豚肉は塩をふり、ごま油を熱したフライパンの中火で両面をこんがり焼き、里いもを加えて油が回るまで炒める。
2. A、水1カップを加え、ふたをして弱めの中火で10分煮る。

6. 豚肉とりんごの白ワイン煮
Pork & Apple in White Wine

材料（2～3人分）

豚肩ロースかたまり肉（1cm厚さに切る）
　… 300g
　塩 … 小さじ2/3
　こしょう … 少々
　小麦粉 … 大さじ2
りんご（皮ごと8等分のくし形切り）… 1個
白ワイン … 1/2カップ
ローズマリー（生）… 1本
オリーブ油 … 少々

作り方

1. 豚肉は塩、こしょうをふって小麦粉をまぶし、オリーブ油を熱したフライパンの中火で両面をこんがり焼き、脇にりんごを加えてさっと炒める。
2. 白ワインを加えて煮立たせ、ローズマリー、水1カップを加え、ふたをして弱めの中火で15分煮る。

＊バゲットを添える

7. 豚バラと大根の赤みそカレー
Red Miso Curry with Pork and Japanese White Radish

材料（2～3人分）

豚バラ薄切り肉（4cm長さに切る）
　… 7枚（200g）
大根（小さめの乱切り）… 7cm
玉ねぎ（薄切り）… 1/2個
A｜小麦粉 … 大さじ1
　｜カレー粉 … 小さじ1 1/2
赤みそ … 大さじ1
砂糖 … 小さじ1/3
サラダ油 … 少々

作り方

1. フライパンにサラダ油を熱し、豚肉を中火で全体にこんがり焼き、大根と玉ねぎ、Aの順に加えてなじむまで炒める。
2. 水2カップを加え、煮立ったらアクをとり、ふたをして弱めの中火で10分煮る。
3. 赤みそ、砂糖を加え、とろみがつくまで5分煮、塩（分量外）で味を調える。

＊万能ねぎライス（ごはん茶碗2杯分に、万能ねぎの小口切り4本分を混ぜたもの）を添える

【赤みそ】熟成期間が長くコクがあり、塩けが強いのが特徴。中華風の肉みそ炒めに加えたり、テンメンジャンをこれとみりんで代用しても。しょうゆがわりに使うとコクが出る。

8. 豚ヒレ肉と野菜のバルサミコ煮
Pork & Vegetables in Balsamic Vinegar

やわらかいヒレ肉をさっと焼きつけてから、
野菜とともにビネガーで煮込んだ、あっさりとしたひと皿。
肉は最後に戻し入れることで、しっとりと仕上げます。
コクのあるバルサミコ酢に、ハーブをきかせれば、
たっぷりのせん切り野菜もペロリと食べられます。
⇒作り方は42ページ

9.
豚肉のプルーンロールの赤ワイン煮
Pork and Prune Rolls in Red Wine

プルーンを加えた豚肉の赤ワイン煮込みは、フレンチの定番。
それを薄切り肉で巻いて作り、より手軽にしました。
豚肉は、できれば肩ロースがやわらかくておすすめ。
こっくりと甘みのあるプルーンを加えることで、
長時間煮込んだような奥深い味わいになります。
⇒作り方は43ページ

10. ひき肉、なす、ピーマンのバジル煮込み
Minced Pork, Eggplant, and Green Pepper with Basil

うちでひんぱんに作っている、ベトナム風の煮込みです。
肉は少なめですが、多めの油でなすを炒めてコクを出します。
仕上げに加えるひとつまみの砂糖で、ぐっとベトナムっぽく。
⇒作り方は44ページ

11. カリフラワー入りドライカレー
Dry Curried Rice with Cauliflower

インドのキーマカレー風に鶏ひき肉を使い、
大好きなカリフラワーをたっぷり加えて、
カリカリッとしたその食感を生かしました。
玉ねぎは気持ち長めに、薄く色づくまで炒めるのがコツ。
しっかり甘みが出て、数段おいしくなります。
→作り方は45ページ

● Meat Ragoût

8. 豚ヒレ肉と野菜のバルサミコ煮
Pork & Vegetables in Balsamic Vinegar

材料 （2〜3人分）

豚ヒレかたまり肉（1.5cm厚さに切る）… 250g
A
- 塩 … 小さじ½
- こしょう … 少々
- 小麦粉 … 大さじ2
- 玉ねぎ（せん切り）… 1個
- セロリ（せん切り）… 1本
- にんじん（せん切り）… ½本
- にんにく（みじん切り）… 1かけ

白ワイン … 大さじ4
B
- バルサミコ酢 … 大さじ1
- タイム（生・ちぎる）… 1本＊

バター … 小さじ1
＊ローズマリーでもOK

Point

豚肉は小麦粉をまぶし、強火で両面をこんがり焼く。これで肉汁がとじ込められ、仕上がりがやわらかくなるうえ、小麦粉で煮汁にとろみがついて味がよくからむ。

作り方

1. 豚肉は塩、こしょうをふって小麦粉をまぶし、オリーブ油少々（分量外）を熱したフライパンの強火で両面をこんがり焼き、取り出す。
2. 続けてバター、Aを入れて中火で炒め、しんなりしたら白ワインを加えて煮立たせる。B、水½カップを加え、ふたをして弱めの中火で7〜8分煮る。
3. 1を加え、強火でとろみがつくまで2〜3分煮詰め、塩（分量外）で味を調える。火を止めてバター小さじ2（分量外）をからめる。
   ＊バゲットを添える

【バルサミコ酢】ぶどうを長期熟成させて作るイタリアの酢で、甘みとコク、酸味があるのが特徴。焼いた肉にかけたり、煮詰めてソースにすると、しょうゆのようなコクが出る。

9. 豚肉のプルーンロールの赤ワイン煮
Pork and Prune Rolls in Red Wine

材料 (2〜3人分)

豚ロース薄切り肉 … 10枚(200g)
A ┃ 塩 … 小さじ½
  ┃ こしょう … 少々
  ┃ にんにく(すりおろす) … ½かけ
ドライプルーン(種抜き) … 10個
玉ねぎ(1cm幅に切る) … ½個
小麦粉 … 大さじ2
赤ワイン … ¾カップ
バター … 大さじ1

作り方

1. 豚肉は1枚ずつ広げてAを塗り、プルーンを1個ずつのせて巻き、小麦粉をまぶす。
2. フライパンにバターを溶かし、1を中火で全体にこんがり焼き、脇に玉ねぎを加えてさっと炒める。
3. 赤ワインを加えて煮立たせ、水½カップを加え、ふたをして弱めの中火で15分煮る。ふたをとり、火を強めてとろみをつけ、塩、こしょう(ともに分量外)で味を調える。
   * パセリバターライス(ごはん茶碗2杯分に、パセリのみじん切り大さじ2、バター小さじ2、塩ひとつまみを混ぜたもの)を添える

Point

豚肉は1枚ずつ広げ、塩、こしょう、にんにくで下味をつけ、手前側にプルーンを1個ずつのせてくるくる巻く。小麦粉は、全体にたっぷりめにまぶすといい。

プルーンを巻いた豚肉は、フライパンの中火で転がしながら、全体をこんがり焼く。豚肉に小麦粉をまぶすことでうまみが逃げず、煮込んだ時にとろみもつく。

● Meat Ragoût

10. ひき肉、なす、ピーマンのバジル煮込み
Minced Pork, Eggplant, and Green Pepper with Basil

材料（2〜3人分）

豚ひき肉 … 150g
なす（1cm幅の輪切り）… 3本
ピーマン（乱切り）… 4個
A ┃ にんにく（薄切り）… 1かけ
　┃ 赤唐辛子 … ½本
バジルの葉（ちぎる）… 5〜6枚
B ┃ 酒 … 大さじ3
　┃ 鶏ガラスープの素 … 小さじ1½
ナンプラー … 大さじ1
砂糖 … 小さじ⅔
C ┃ 片栗粉 … 大さじ½
　┃ 水 … 大さじ1
ごま油 … 大さじ3

作り方

1. フライパンにごま油、Aを入れて弱火にかけ、香りが出たらなす、ピーマンを加え、中火で油が回るまで炒める。ひき肉を加え、大きめにほぐしながらこんがり炒める。
2. B、水1½カップを加えてふたをし、煮立ったら弱めの中火で10分煮る。
3. ナンプラー、砂糖で味を調え、混ぜたCを加えてとろみをつける。火を止めてバジルを加え、ひと混ぜする。

＊タイ米を添える

Point

10分煮て野菜がしんなりしたら、ナンプラーと砂糖で味を調え、最後に水溶き片栗粉で軽くとろみをつける。これで、うまみが詰まったスープが全体によくからむ。

【バジルの葉】清涼感のある香りが印象的なハーブ。黒くなりやすいので、オリーブ油と一緒にミキサーにかけてペースト状にし、ラップで平たくして冷凍保存するのがおすすめ。

11. カリフラワー入りドライカレー
Dry Curried Rice with Cauliflower

材料（2〜3人分）

鶏ひき肉 … 150g
カリフラワー（1.5cm角に切る）
　… 1株（正味300g）
玉ねぎ（みじん切り）… 1個
にんにく（みじん切り）… 1かけ
トマト（ざく切り）… 大1個
クミンシード … 小さじ1
A ｜ カレー粉 … 大さじ1
　｜ 塩 … 小さじ1
サラダ油 … 大さじ2

Point

クミンシードを炒めて香りを出し、玉ねぎ、にんにくを加えたら、薄く色づくまで中火でしっかり炒める。こうすることで、玉ねぎの甘みとうまみが出てくる。

作り方

1. フライパンにサラダ油、クミンシードを入れて中火にかけ、香りが出たら玉ねぎ、にんにくを加えて薄く色づくまで炒める。ひき肉を加えて色が変わるまで炒め、カリフラワーを加えてさっと炒める。
2. トマト、水1/2カップを加え、ふたをして弱めの中火で15分煮る。
3. Aを加え、火を強めて汁けがなくなるまで煮詰める。

【クミンシード】インド料理によく使用されるスパイス。油で炒めて香りを出してから使う。カレーの具材を炒める時やキャベツ炒めに、ラム肉を焼く時に加えてもいい。

アボカドと
紫玉ねぎのサラダ

12.
チリコンカン
Chili con Carne

ひき肉は押しつけるようにして焼きつけ、香ばしさを出すのがポイント。
隠し味に加えた少量のカレー粉が、味を引きしめます。
ししとうを加えて辛みを強くするのが、私のお気に入り。
ピザ用チーズと一緒にごはんにのせて食べてもおいしいです。

● Meat Ragoût

チリコンカン
Chili con Carne

材料 （2〜3人分）

合びき肉 … 150g
A
- 玉ねぎ（みじん切り）… ½個
- ししとう（小口切り）… 6本
- にんにく（みじん切り）… 1かけ
- クミンシード … 小さじ1

ホールトマト缶 … 1缶（400g）
B
- キドニービーンズ（ドライパック）… 100g
- ケチャップ … 大さじ2
- シナモンパウダー … 小さじ1
- カレー粉 … 小さじ½
- 赤唐辛子（小口切り）… ½本＊

しょうゆ … 小さじ1½
塩 … 小さじ1
オリーブ油、こしょう … 各少々

＊チリパウダー小さじ1や、一味唐辛子少々でもOK

作り方

1. フライパンにオリーブ油を熱し、ひき肉をフライ返しで押しつけながら強火で両面をこんがり焼き、大きめにほぐして取り出す。
2. 続けてAを入れて中火で炒め、玉ねぎがしんなりしたらホールトマト（つぶしながら）、1、Bを加え、ふたをして弱めの中火で12〜13分煮る。
3. しょうゆ、塩、こしょうで味を調え、火を強めて汁けがなくなるまで煮詰める。

Point

ひき肉はかたまりのままフライ返しでぎゅっと押しつけながら、強火で両面を焼きつける。細かくほぐしすぎないことで肉らしさが出て、うまみも強くなる。

アボカドと紫玉ねぎのサラダ

Side dish

アボカドはタバスコでピリッと、紫玉ねぎはライムでさわやかに。
それを合わせて食べるのが好き。チリコンカンとワンプレートにしても。

材料 （2〜3人分）

アボカド（2〜3cm角に切る）… 1個
A
- 塩、にんにく（すりおろす）、タバスコ … 各少々
- オリーブ油 … 小さじ1

紫玉ねぎ（薄切り）… ¼個
B
- 塩 … 小さじ¼
- ライムの絞り汁（またはレモン汁）… 小さじ1

香菜（ざく切り）… 1本

作り方

1. ボウルに紫玉ねぎを入れ、Bをふってもむ。
2. アボカドはAであえ、器に盛って1、香菜を添える。

大根のスープ

13. 台湾風ひき肉煮込み
Luroufan

台湾のソウルフード「ルーローハン」風の煮込みは、
八角を入れると、ぐっとアジアンな味わいになります。
卵は半熟にゆで、ふたなしで転がしながら煮て、とろっと仕上げて。
ひき肉はあれば粗びきを使うと、より本場の味に近くなります。

● Meat Ragoût

台湾風ひき肉煮込み
Luroufan

材料（2〜3人分）

豚ひき肉（あれば粗びき）… 300g
半熟ゆで卵 … 4個*
長ねぎ（2cm幅の斜め切り）… 1本
にんにく（薄切り）… ½かけ

A
- 紹興酒（または酒）… 大さじ2½
- しょうゆ … 大さじ2
- オイスターソース … 大さじ1½
- 砂糖 … 小さじ1½
- 八角 … 1個

サラダ油 … 少々

＊室温に戻した卵を水に入れて火にかけ、沸騰してから5〜6分ゆでる

作り方

1. フライパンにサラダ油を熱し、ひき肉、にんにくをフライ返しで押しつけながら中火で両面をこんがり焼き、大きめにほぐす（47ページ参照）。

2. ゆで卵、長ねぎ、A、水1½カップを加え、時々ゆで卵を転がしながら、ふたをしないで弱めの中火で10分煮る。

【八角】中華料理に欠かせない星形の香辛料で、独特の甘い香りが特徴。おなじみの豚の角煮、しょうゆ味の煮ものに加えたり、フルーツのコンポートに白ワインとともに入れても。

大根のスープ

Side dish

さっぱりした鶏のだしに、ナンプラーの塩けをきかせて。
しょうがと香菜がふわりと香る、やさしい味わいのスープです。

材料（2〜3人分）

大根（薄い半月切り）… 5cm
しょうが（薄切り）… ½かけ

A
- ナンプラー、鶏ガラスープの素 … 各小さじ½
- 酒 … 小さじ1
- 水 … 1½カップ

香菜（ざく切り）… 1本

作り方

1. 鍋にA、大根、しょうがを入れて中火で5分煮、大根が透き通ったら塩（分量外）で味を調える。器に盛り、香菜をのせる。

14. 牛肉ときのこのハッシュドビーフ風
Hashed Beef with Mushroom

牛肉とまいたけを赤ワインで煮込んだ、コクのある味わい。
肉は焼いたら取り出し、最後に戻してやわらかく仕上げます。
濃厚な生クリームに、しょうゆを少し加えることで、
ごはんによく合うひと皿にしました。

アスパラと
ゆで卵のサラダ

🍳 Meat Ragoût

牛肉ときのこのハッシュドビーフ風
Hashed Beef with Mushroom

材料 （2〜3人分）

牛薄切り肉 … 200g
- 塩 … 小さじ1/3
- こしょう … 少々
- 小麦粉 … 大さじ1

A
- まいたけ（ほぐす）… 1パック（100g）
- 玉ねぎ（薄切り）… 1/2個
- にんにく（薄切り）… 1かけ

トマト（ざく切り）… 1個
赤ワイン … 大さじ4
生クリーム … 大さじ4
しょうゆ … 大さじ1 1/2
サラダ油 … 小さじ1

作り方

1. 牛肉は塩、こしょうをふって小麦粉をまぶし、サラダ油を熱したフライパンの中火で両面をこんがり焼き、取り出す。
2. 続けてAを入れて中火で炒め、しんなりしたらトマトを加えてさっと炒める。赤ワインを加えて底をこそげながら煮立たせ、1、水1カップを加え、ふたをして弱めの中火で5分煮る。
3. 生クリーム、しょうゆを加え、火を強めてとろみをつける。

＊にんじんピラフ（8ページ）を添える

アスパラとゆで卵のサラダ　　　　　Side dish

ゆで卵＋生クリームと粒マスタードで、こっくりと濃厚な味に。
ゆでたじゃがいもやブロッコリーにかけても合います。

材料 （2〜3人分）

グリーンアスパラ（下のかたい皮をピーラーでむく）… 6本

A
- 固ゆで卵（粗みじん切り）… 2個
- 生クリーム … 大さじ2
- 粒マスタード … 小さじ1 1/2
- 塩 … 小さじ1/3
- にんにく（すりおろす）、こしょう … 各少々

作り方

1. アスパラは塩少々（分量外）を加えた熱湯でゆで、氷水にとり、長さを3等分に切る。
2. 器に1を盛り、混ぜたAをのせる。

水菜と
カリカリじゃこのサラダ

15. 牛肉と大根のゆずこしょう風味
Beef & Japanese White Radish with Yuzu Kosho

昆布だしにゆずこしょうの香りをきかせた、和風の煮込みです。
これにしいたけやセロリ、トマトを加えて作るのも好き。
大根は薄めの7～8mm幅に切り、肉は長く煮ないのがコツです。
多めに作って翌日食べても、大根に味がしみてまた格別です。

◆ Meat Ragoût

牛肉と大根のゆずこしょう風味
Beef & Japanese White Radish with Yuzu Kosho

材料（2〜3人分）

牛こま切れ肉 … 200g
　塩 … 少々
　酒 … 大さじ1
　片栗粉 … 小さじ2
大根（7〜8mm幅の半月切り）… 7cm
A ｜昆布（できれば水にひと晩つける）… 5cm角
　｜水 … 2カップ
　｜酒 … 大さじ1
　｜塩 … 小さじ½
ゆずこしょう … 小さじ½
サラダ油 … 少々

作り方

1. 牛肉は塩、酒をもみ込んで片栗粉をまぶし、サラダ油を熱したフライパンの中火で色が変わるまで焼き、取り出す。
2. 続けて大根を入れて中火で炒め、少し透き通ったらだし汁（昆布ごと）、Aを加え、煮立ったらアクをとり、ふたをして弱めの中火で15分煮る。
3. 1を加えてひと煮立ちさせ、ゆずこしょうを溶く。

＊青じそライス（ごはん茶碗2杯分に青じそのせん切り5枚分を混ぜ、白いりごま適量をふったもの）を添える

水菜とカリカリじゃこのサラダ　　　Side dish

水菜のシャキッ、ごま油で炒めたじゃこのカリカリ感が最高。
酢をきかせた、さっぱりしょうゆドレッシングでいただきます。

材料（2〜3人分）

水菜（長さを4等分に切る）… ½束
ちりめんじゃこ … 大さじ3
A ｜しょうゆ、酢 … 各大さじ1
　｜ごま油 … 小さじ1
ごま油 … 大さじ1

作り方

1. フライパンにごま油を熱し、じゃこを中火でカリカリに炒め、キッチンペーパーにのせて油をきる。
2. 器に水菜、1を盛り、混ぜたAをかける。

● Meat Ragoût

16. ハーブ入りハンバーグのトマト煮
Hamburg Steak with Herbs and Tomatoes

タイムがふわりと香るハンバーグは、赤ワインで煮込んでコク深く。
ハーブはパセリやバジル、ミントのみじん切りを使っても。

材料 （2〜3人分）

- 牛ひき肉 … 300g
- **A**
  - 玉ねぎ（みじん切り）… ½個
  - 卵 … 1個
  - パン粉 … ½カップ
  - 塩 … 小さじ⅔
  - タイム（生・葉をしごく）… 1本
- 小麦粉 … 大さじ2
- 赤ワイン … ¼カップ
- **B**
  - ホールトマト缶 … ½缶（200g）
  - にんにく（つぶす）… ½かけ
  - タイムの茎 … 1本分
- しょうゆ … 小さじ1
- オリーブ油 … 少々

作り方

1. ボウルにひき肉、Aを入れ、粘りが出るまで手で練り混ぜ、6等分して小判形にまとめ、小麦粉をまぶす。オリーブ油を熱したフライパンの中火で、両面をこんがり焼く。

2. 赤ワインを加えて煮立たせ、B（ホールトマトはつぶしながら）、水½カップを加え、ふたをして弱めの中火で10分煮る。しょうゆで味を調える。

＊パセリバターライス（ごはん茶碗2杯分に、パセリのみじん切り大さじ2、バター小さじ2、塩ひとつまみを混ぜたもの）を添える

Chapter 3
Fish & Seafood Ragoût

🍳 魚の煮込み

ほとんどが7〜8分煮るだけで作れるものばかり。
それでも魚介の豊かなだしで、おいしく仕上がります。
長く煮るとパサつく魚は、表面を香ばしく焼いたら、
あとは、おいしいソースにさっとからめるだけ。
えびやいか、あさりやほたてなどのシーフードは、
野菜と合わせてその濃厚なうまみを吸わせると、
バランスのよいひと皿になります。

1. 鮭の梅クリーム煮
Salmon in Cream Sauce with Pickled Plum

濃厚な生クリームに、梅干しの酸味を加えることで、
ごはんに合う、すっきりとしたあと味のソースにしました。
鮭は、粉をはたいて皮目からパリッと焼きつけたら、
ソースの中で手早くからめるだけでOK。
ハーブは、青じそや細ねぎで和風にしてもいいですね。
⇒作り方は60ページ

2. かじきのトマトオリーブ煮
Swordfish in Tomato Sauce with Black Olive

黒オリーブのコクを味のポイントにした南仏料理。
かじきは煮すぎてもパサつかない、煮込みに向く魚です。
どっさりの野菜も、煮込めばたっぷり食べられます。
⇒作り方は60ページ

3. 白身魚の豆豉煮(トウチ)
Spanish Mackerel with Douchi Sauce

中華料理の魚のせいろ蒸しのイメージで、野菜と蒸し煮に。
野菜から出る水分で、魚がふっくらと蒸し上がります。
コク深い豆豉と豆板醤で、パンチのある味にしました。
⇒作り方は61ページ

4. えびのトマトクリーム煮
Prawn in Tomato and Cream

えびの味わいが詰まった、濃厚なトマトクリーム味です。
えびは、先に小麦粉をまぶして炒めることで、
うまみを逃さず、ソースにとろみをつけます。
有頭えびで作る場合は、だしの出る頭も一緒に加えて。
ウスターソースの甘みとスパイシーさが隠し味です。
⇒作り方は62ページ

5.
えびとしいたけの春雨煮
Prawn, Shiitake Mushroom and Vermicelli in Oyster Sauce

えびとしいたけ、オイスターソースのうまみを
春雨にしっかりとじ込めた、ごはんがすすむひと皿です。
しいたけは必ず入れて。ほたてや鶏肉で作っても。
⇒作り方は63ページ

6.
あさりと小松菜のガーリック煮
Clam & Komatsuna with Garlic and Olive Sauce

たっぷりの小松菜をくったり、色が変わるまで煮ます。
オリーブ油とにんにく、唐辛子でペペロンチーノ風に。
あさりの極上のだしがしみています。
⇒作り方は63ページ

● Fish & Seafood Ragoût

1. 鮭の梅クリーム煮
Salmon in Cream Sauce with Pickled Plum

材料（2〜3人分）

- 生鮭の切り身（半分に切る）…3枚（240g）
- 塩…小さじ½
- こしょう…少々
- 小麦粉…大さじ1½
- 長ねぎ（長さを4等分に切り、細切り）…1½本
- 白ワイン…70ml
- A ┃ 梅干し（たたく）…½個
  ┃ 生クリーム…120ml
- オリーブ油…小さじ1
- ディル（生・ちぎる）…適量

作り方

1 鮭は塩、こしょうをふって小麦粉をまぶし、オリーブ油を熱したフライパンの中火で皮目から両面をこんがり焼く。

2 脇に長ねぎを加えてさっと炒め、白ワインを加えて煮立たせる。

3 **A**、水¼カップを加え、ふたをしないで中火で3〜4分煮詰める。器に盛り、ディルをのせる。

【ディル】魚介によく合い、清涼感のある香りを持つハーブ。刻んでマヨネーズと混ぜ、サラダにかけてもおいしい。残ったらラップで包み、冷凍室で保存するのがおすすめ。

2. かじきのトマトオリーブ煮
Swordfish in Tomato Sauce with Black Olive

材料（2〜3人分）

- かじきの切り身…3枚（240g）
- 塩…小さじ½
- こしょう…少々
- A ┃ 玉ねぎ（薄切り）…1個
  ┃ ズッキーニ（5cm長さの短冊切り）…1本
  ┃ セロリ（5cm長さのせん切り）…1本
  ┃ にんにく（薄切り）…1かけ
  ┃ タイム（生・ちぎる）…1本
- ブラックオリーブ（種抜き）…15粒
- 白ワイン…120ml
- ホールトマト缶…½缶（200g）
- オリーブ油…少々

作り方

1 かじきは塩、こしょうをふり、オリーブ油を熱したフライパンの中火で両面をさっと焼き、取り出す。

2 続けてオリーブ油小さじ1（分量外）、**A**を入れて中火で炒め、しんなりしたらオリーブ、白ワインを加えて煮立たせる。

3 ホールトマト（つぶしながら）を加え、ふたをしないで中火で5分煮詰め、**1**を加えて2〜3分煮る。

＊最後に白ワインビネガー小さじ1を加えてもおいしい

3. 白身魚の豆豉煮
Spanish Mackerel with Douchi Sauce

材料 （2〜3人分）

さわらの切り身（または鯛、たらなど）… 3枚（240g）
| 塩 … 少々
| 酒 … 小さじ1
青梗菜（5cm長さに切り、
　芯は縦6等分に切る）… 1束
長ねぎ（5cm長さのせん切り）… 1本

A
| 豆豉（粗く刻む）、紹興酒（または酒）、ごま油
|　　… 各大さじ1
| しょうゆ … 小さじ1
| 豆板醤 … 小さじ½
| にんにく、しょうが（ともにみじん切り）
|　　… 各½かけ

作り方

1. さわらは3等分に切り、塩、酒をふる。
2. フライパンに青梗菜⇒1⇒長ねぎの順に重ねて入れ、混ぜたAを回しかけ、ふちから水¼カップを回し入れ、ふたをして弱めの中火で7〜8分煮る。

【豆豉】黒豆に塩を加えて発酵させた食品で、みそのようなうまみを持つ。しょうゆと合わせてコクを出したり、にんにくの芽の小口切り、にんにくと炒め、ごはんにのせても。

Point

フライパンに青梗菜、さわら、長ねぎの順に重ねて入れたら、混ぜた調味料を全体に回しかける。調味料は先に混ぜておくことで、味が均一に行きわたる。

● Fish & Seafood Ragoût

4. えびのトマトクリーム煮
Prawn in Tomato and Cream

材料 （2～3人分）

殻つきえび（ブラックタイガーなど・殻をむき、
　尾と背ワタを除く）… 18尾（200g）*
A｜玉ねぎ（みじん切り）… ½個
　｜にんにく（みじん切り）… 1かけ
小麦粉 … 大さじ2
ウスターソース … 小さじ1
白ワイン … 大さじ2
B｜ホールトマト缶 … 1缶（400g）
　｜鶏ガラスープの素 … 小さじ½
生クリーム … ½カップ
オリーブ油 … 大さじ1
こしょう、イタリアンパセリ（あれば・ちぎる）
　… 各適量
＊有頭えびなら、頭も一緒に加えて

作り方

1. フライパンにオリーブ油を熱し、Aを中火で炒め、玉ねぎが透き通ったら脇にオリーブ油小さじ1（分量外）、小麦粉をまぶしたえびを加え、中火で色が変わるまで炒める。
2. ウスターソースをからめ、白ワインを加えて煮立たせ、B（ホールトマトはつぶしながら）を加えてふたをしないで中火で7～8分煮詰める。
3. 生クリームを加え、火を強めてとろみをつける。器に盛ってこしょうをふり、イタリアンパセリを散らす。

Point

えびは殻をむいて尾と背ワタを除いたら、小麦粉を全体にまんべんなくまぶす。小麦粉をつけることで、炒めた時にうまみが逃げず、スープにとろみもつく。

えびの両面を色が変わるまで炒めたら、ウスターソースをさっとからめ、白ワインを加えて煮立たせる。これで魚介特有のくさみが消え、香りとうまみが出る。

5. えびとしいたけの春雨煮
Prawn, Shiitake Mushroom, and Vermicelli in Oyster Sauce

材料（2～3人分）

殻つきえび（ブラックタイガーなど）
　… 18尾（200g）
| 酒 … 小さじ1
| 片栗粉 … 大さじ1
生しいたけ（縦半分に切る）… 6枚
長ねぎ（3cm幅の斜め切り）… 1本
にんにく（みじん切り）… 1かけ
春雨（乾燥・熱湯につけて戻し、
　食べやすく切る）… 70g
A | しょうゆ、酒 … 各大さじ2
　| オイスターソース … 大さじ1½
　| 鶏ガラスープの素 … 小さじ1
ごま油 … 大さじ1
香菜（ざく切り）、こしょう … 各適量
　シャンツァイ

作り方

1. えびは殻をむいて尾と背ワタを除き、酒、片栗粉をもみ込む。
2. フライパンにごま油、にんにくを入れて弱火にかけ、香りが出たらしいたけ、長ねぎを加えて中火でさっと炒め、1を加えて色が変わるまで炒める。
3. 春雨、A、水2カップを加え、ふたをして弱めの中火で10分煮る。器に盛って香菜をのせ、こしょうをふる。

6. あさりと小松菜のガーリック煮
Clam & Komatsuna with Garlic and Olive Sauce

材料（2～3人分）

あさり（砂出しする）… 1パック（200g）
小松菜（5cm長さに切る）… 小2束（400g）
A | にんにく（つぶす）… 2かけ
　| 赤唐辛子（小口切り）… ⅓本
塩 … 小さじ½
オリーブ油 … 大さじ3

作り方

1. フライパンにオリーブ油、Aを入れて弱火にかけ、香りが出たら小松菜、塩を加え、ふたをして中火で1～2分蒸し煮にする。
2. 上下を返し、ふたをして中火で小松菜がくったりするまで7～8分煮、あさりを加え、ふたをしてあさりの口が開くまで煮る。

＊ペンネ（ペンネ120gをゆで、オリーブ油大さじ2をからめたもの）を添える

Point

あさりはボウルに塩水（水1カップ＋塩小さじ1）とともに入れ、冷暗所（または上にアルミホイルなどをのせて暗くする）に1時間ほどおいて砂を吐かせる。

にんじんと
オレンジのサラダ

7.
いかとレンズ豆のクミン風味
Squid & Lentil with Cumin

火の通りが早く、プチプチした食感が楽しいレンズ豆を
うまみたっぷりのいかのだしで煮込みました。
クミンと合わせて、エスニック風にするのがお気に入り。
レンズ豆はつける時間がなければ、5分長く煮ましょう。

● Fish & Seafood Ragoût

いかとレンズ豆のクミン風味
Squid & Lentil with Cumin

材料（2〜3人分）

いか（やりいかなど）… 小3はい（360g）
レンズ豆（乾燥・水に20分以上つける）
　… 3/4カップ（120g）*
玉ねぎ（みじん切り）… 1/4個
セロリ（みじん切り）… 1/2本
A｜にんにく（みじん切り）… 1かけ
　｜クミンシード … 小さじ1/2
白ワイン … 1/4カップ
塩 … 小さじ2/3
オリーブ油 … 少々

＊皮つきのもの（ブラウン）。皮なし（レッド）なら、水につけなくてOK（77ページ参照）

作り方

1 いかは足を引き抜いてワタ、軟骨を除き、胴は1cm幅に切る（足は他の料理に使って）。

2 フライパンにオリーブ油、Aを入れて中火にかけ、香りが出たら玉ねぎ、セロリを加えてしんなりするまで炒め、1を加えてさっと炒める。

3 白ワインを加えて煮立たせ、水けをきったレンズ豆、塩、水2カップを加えてふたをし、煮立ったら弱めの中火で15分煮る。

＊パセリバターライス（ごはん茶碗2杯分に、パセリのみじん切り大さじ2、バター小さじ2、塩ひとつまみを混ぜたもの）を添える
＊するめいかなどの大きないかを使う場合は、白ワインを煮立たせたあといかを取り出し、レンズ豆、塩、水を加えて10分煮てからいかを戻し、5分煮る

Point
いかは足のつけ根を手ではずし、ワタとともに足を引き抜き、軟骨を除いて中をよく洗う。皮はむかずに、胴を1cm幅に切って使う。

にんじんとオレンジのサラダ   Side dish

色鮮やかなオレンジカラーが美しい、フルーティーなサラダ。
甘酸っぱいオレンジと合わせれば、にんじんの青くささが抑えられます。

材料（2〜3人分）

にんじん（スライサーでせん切り）… 1本
オレンジ … 1個
A｜オリーブ油 … 大さじ1
　｜レモン汁 … 小さじ1
　｜塩 … 小さじ1/3
ミントの葉（ちぎる）、白いりごま … 各少々

作り方

1 オレンジはヘタと底を切り落とし、包丁で縦に皮をむき、ひと房ずつ薄皮にV字に切り込みを入れて実を取り出し、半分に切る。

2 ボウルにAを入れて混ぜ、1、にんじん、ミントを加えてあえる。器に盛り、白ごまをふる。

● Fish & Seafood Ragoût

8. ほたて、かぶ、里いもの豆乳煮
Scallop, Turnip, and Taro in Soy Milk

白みその甘みに豆乳を合わせた、和洋折衷のやさしい味わい。
ほたては、多めのバターで炒めてコクを出します。

材料 （2〜3人分）

ほたて貝柱（刺身用・縦半分に切る）
　… 8個（240g）
かぶ（皮をむき、茎を2cm残して
　6等分のくし形切り）… 3個
里いも（5mm幅の輪切り）… 4個（240g）
A｜だし汁 … 1カップ
　｜酒 … 大さじ1
B｜豆乳（成分無調整のもの）… 1¼カップ
　｜白みそ … 大さじ2
　｜しょうゆ … 小さじ⅔
バター … 大さじ1

作り方

1 フライパンにバターを溶かし、ほたてに塩少々（分量外）をふって中火で両面をこんがり焼き、取り出す。

2 続けてかぶ、里いもを入れて中火でさっと炒め、Aを加えてふたをして弱めの中火で12〜13分煮る。

3 1、Bを加え、ふたをしないで煮立たせないように1〜2分煮る。

＊菜めし（ごはん茶碗2杯分に、塩小さじ½でもんで水けを絞ったかぶの葉の小口切り1個分、ちりめんじゃこ大さじ1を混ぜたもの）を添える

Chapter.4
Vegetable, Tofu, Beans Ragoût

🍳 野菜、豆腐、豆の煮込み

野菜は煮るとカサが減り、たっぷり食べられるのが魅力。
にんにくやチーズ、バターでコクを出すのがコツです。
豆腐や厚揚げは、長く煮なくてもおいしくいただけて、
香味野菜などでパンチをきかせると、満足感が出ます。
豆は、火の通りやすいレンズ豆を使っていますが、
他の豆のドライパックなどで作ってもOKです。

1.
カリフラワーと桜えびのにんにく煮
Cauliflower & Sakura Shrimp with Garlic

カリフラワーを少量の水で蒸し煮にし、ほっくりと仕上げます。
桜えびのだし、にんにくがふんわり香る、風味豊かなひと皿。
ナッツとスパイスをきかせた香ばしいごはんを合わせ、
仕上げにオリーブ油を回しかけて食べると、コクが出ます。
ざく切りにしたキャベツで作るのもおすすめ。
⇒作り方は72ページ

2.
ラタトゥイユ
Ratatouille

数種類の野菜だけで作る煮込みですが、奥深い味わい。
多めの油で、なすをしっかり炒めるのがポイントです。
冷蔵庫で冷たくしたり、翌日味がなじんだところもおいしい。
⇒作り方は72ページ

3.
かぼちゃとさつまいもの
アンチョビバターレモン煮
*Pumpkin & Sweet Potato with
Anchovy, Butter, and Lemon*

アンチョビ＋バターで濃厚なうまみを加えつつ、
最後にレモンを絞って、さわやかに仕上げました。
パルメザンチーズのほかにモッツァレラを
たっぷりのせて食べても。
⇒作り方は73ページ

4. 和風麻婆豆腐
Japanese-Style Mapo Tofu

香味野菜をきかせ、しょうゆとみりんでシンプルに味つけした、
辛みのない、家族みんなで食べられる麻婆豆腐です。
ひき肉からいいだしが出るので、しっかり炒めるのがコツ。
豆腐は大きめに切り、木ベラで少しくずして煮込み、
食べる時にさらにくずして、ごはんと混ぜながらいただきます。
⇒作り方は74ページ

5. 豆腐入りえび団子とかぶのだし煮
Shrimp Dumplings & Turnips in Japanese Sea Stock

水きりした豆腐に、大きめにたたいたえびを混ぜ込んだ、
もっちりとした食感のお団子が格別のおいしさ。
野菜は、やさしい味わいのかぶと大和いもを合わせ、
深みのあるだしの風味を最大限に生かします。
温め直す時には、水を足してとろみ加減を調節して。
⇒作り方は75ページ

● Vegetable, Tofu, Beans Ragoût

1. カリフラワーと桜えびのにんにく煮
Cauliflower & Sakura Shrimp with Garlic

材料（2〜3人分）

カリフラワー（小房に分ける）
　… 1株（正味300g）
桜えび … 大さじ2（8g）
にんにく（つぶす）… 1かけ
塩 … 小さじ1/3
オリーブ油 … 大さじ1

作り方

1 フライパンにオリーブ油、にんにくを入れて弱火にかけ、香りが出たら桜えびを加えてさっと混ぜる。
2 カリフラワー、塩、水1/2カップを加え、ふたをして弱火で10分煮る。器に盛り、オリーブ油（分量外）を回しかける。
＊ナッツごはん（8ページ）を添える

2. ラタトゥイユ
Ratatouille

材料（2〜3人分）

なす（1.5cm幅の半月切り）… 2本
A ｜ズッキーニ（1.5cm幅の半月切り）… 1本
　｜パプリカ（赤・乱切り）… 1個
　｜ピーマン（乱切り）… 2個
玉ねぎ（粗みじん切り）… 1/2個
にんにく（つぶす）… 1かけ
ホールトマト缶 … 1/2缶（200g）
バジルの葉（ちぎる）… 1〜2枚
モッツァレラチーズ（ちぎる）… 1/2個（50g）
オリーブ油 … 大さじ4
目玉焼き … 2〜3個分

作り方

1 フライパンにオリーブ油を熱し、玉ねぎ、にんにくを中火で炒め、香りが出たらなすを加えてしんなり炒め、Aを加えてさっと混ぜる。
2 ホールトマト（つぶしながら）、バジルを加え、ふたをして弱めの中火で15分煮る。
3 火を止めてチーズを散らし、ふたをして余熱で溶かし、器に盛って目玉焼きをのせる。
＊バゲットを添える
＊バジルの葉のかわりに、ドライバジル小さじ1/2を加えてもいい

3. かぼちゃとさつまいものアンチョビバターレモン煮
Pumpkin & Sweet Potato with Anchovy, Butter, and Lemon

材料（2〜3人分）

かぼちゃ … 1/8個（200g）
さつまいも（皮ごと小さめの乱切り）
　… 小1本（200g）
にんにく（みじん切り）… 1/2かけ
アンチョビ（フィレ・たたく）… 1 1/2枚
A｜はちみつ … 小さじ1強
　｜塩 … ひとつまみ
　｜バター … 大さじ1
B｜パルメザンチーズ … 大さじ2
　｜レモン汁 … 少々
バター … 大さじ1 1/2
レモン、パルメザンチーズ … 各適量

Point

かぼちゃとさつまいもは、先にフライパンに入れたバター、にんにく、アンチョビをからめるようにして、全体に油が回るまで炒める。このコクが味の決めてに。

作り方

1. かぼちゃは耐熱皿にのせてラップをかけ、電子レンジで1分加熱し、種とワタを除いて皮をところどころむき、2cm角に切る。
2. フライパンにバター、にんにく、アンチョビを入れて中火にかけ、香りが出たら1、さつまいもを加えて油が回るまで炒める。
3. A、水70mlを加え、ふたをして弱めの中火で15分煮る。Bを順に加えてさっとからめ、器に盛ってレモンを添えて絞り、パルメザンチーズをふる。

＊レモンライス（8ページ）を添える

【アンチョビ】カタクチイワシの塩漬けをオリーブ油に漬けたもので、塩けが強く、濃厚なうまみが特徴。炒めて白ワイン、生クリームと煮て、パスタやゆでじゃがいもとあえても。

● Vegetable, Tofu, Beans Ragoût

4. 和風麻婆豆腐
Japanese-Style Mapo Tofu

材料（2〜3人分）

絹ごし豆腐（縦横半分に切る）…1丁（300g）
鶏ひき肉…150g
にら（3cm長さに切る）…1束
A｜長ねぎ（みじん切り）…1/3本
　｜にんにく（みじん切り）…1かけ
　｜しょうが（みじん切り）…1/2かけ
酒…大さじ2
しょうゆ…大さじ2 1/2
みりん…大さじ1/2
B｜片栗粉…大さじ1/2
　｜水…大さじ1
ごま油…大さじ1

作り方

1. フライパンにごま油を熱し、Aを弱火で炒め、香りが出たらひき肉、塩少々（分量外）を加え、中火で色が変わるまで炒める。
2. 酒、しょうゆとみりんの順に加えてさっと混ぜ、豆腐、水1カップを加えてふたをし、煮立ったら弱めの中火で5〜6分煮る。
3. にらを加えて1分煮、木ベラで豆腐を半分くらいにくずし、混ぜたBを加えてとろみをつける。好みで七味唐辛子（分量外）をふって食べる。

Point

長ねぎ、にんにく、しょうがをごま油で炒めて香りが出たら、ひき肉を加えて色が変わるまで炒める。ここでしっかり炒めると、煮込んだ時にいいだしが出る。

香味野菜とひき肉を炒め、調味料を加えてから、豆腐と水1カップを加える。ふたをして強火で煮立ったら、弱めの中火で5〜6分煮る。

5. 豆腐入りえび団子とかぶのだし煮
Shrimp Dumplings & Turnips in Japanese Sea Stock

材料 （3～4人分）

木綿豆腐 … 2/3丁（200g）
殻つきえび（ブラックタイガーなど・
　殻をむいて尾と背ワタを除き、粗くたたく）
　… 10尾（100g）
大和いも（皮をむいて20g分をすりおろし、
　残りは1cm幅の輪切り）… 200g
かぶ（皮をむき、茎を2cm残して
　8等分のくし形切り）… 2個
A｜片栗粉 … 小さじ2
　｜酒 … 小さじ1/2
B｜だし汁 … 2カップ
　｜しょうゆ、酒 … 各大さじ1
　｜塩 … 小さじ2/3
C｜片栗粉 … 大さじ1/2
　｜水 … 大さじ1
サラダ油、粉山椒（あれば） … 各少々

作り方

1. 豆腐は3等分に切り、2枚重ねたキッチンペーパーではさみ、バットなどの重しをのせて30分以上水きりする。すりおろした大和いも、塩少々（分量外）とともにミキサーにかける（または、すりおろした大和いもに豆腐、塩を加え、なめらかに混ぜる）。
2. ボウルに1、えび、Aを入れてよく練り混ぜ、手にサラダ油少々（分量外）をつけ、8等分して平たい丸形にまとめる。サラダ油を熱したフライパンの中火で両面をこんがり焼き、取り出す。
3. 続けて残りの大和いも、かぶ、Bを入れてふたをして強火にかけ、煮立ったら弱めの中火でやわらかくなるまで10～15分煮る。2を加えてひと煮立ちさせ、混ぜたCでとろみをつけ、器に盛って粉山椒をふる。

Point

豆腐は3等分に薄く切り、2枚重ねたキッチンペーパーではさみ、重しをのせて30分以上水きりする。しっかり水きりしないと、団子がまとまらないので注意して。

えび団子のたねができたら、8等分して直径4cmくらいの平たい丸形にまとめる。手にサラダ油を少しつけてから作業すると、たねがつきにくく、丸めやすい。

6.
レンズ豆のココナッツカレー
Coconut Curry with Lentil

スリランカで教えてもらった、いちばん簡単なカレー。
玉ねぎを薄く色づくまで炒めて甘みを引き出し、
豆とココナッツミルクを加えて、やわらかく煮るだけです。
香菜(シャンツァイ)とライムで、爽快感も加えました。

オクラとみょうがの
あえもの

◆ Vegetable, Tofu, Beans Ragoût

レンズ豆のココナッツカレー
Coconut Curry with Lentil

材料 （2〜3人分）

レンズ豆（乾燥・水に20分以上つける）
　… 1カップ（160g）*
A ┃ 玉ねぎ（みじん切り）… 1/4個
　┃ にんにく（みじん切り）… 1かけ
　┃ クミンシード … 小さじ1/2
ココナッツミルク … 1カップ
カレー粉、塩 … 各小さじ1
サラダ油 … 大さじ1/2
香菜（ざく切り）、ライム（またはレモン）
　… 各適量

*皮つきのもの（ブラウン）。皮なし（レッド）なら、水につけなくてOK

作り方

1. フライパンにサラダ油を熱し、Aを中火で玉ねぎが薄く色づくまで炒める。
2. 水けをきったレンズ豆、カレー粉、塩、水2カップを加えてふたをし、煮立ったら弱めの中火で15分煮る。
3. ココナッツミルクを加えて中火でひと煮立ちさせ、器に盛って香菜をのせ、ライムを添えて絞る。

＊黒米ごはん（米1合に黒米大さじ1を混ぜて炊いたもの）を添える

【レンズ豆】水に長くつけて戻す必要がなく、火の通りが早いのが特徴。今回使ったのは、皮つきのブラウン。フランスでは煮込みで残ったらドレッシングであえ、サラダにしたりも。

オクラとみょうがのあえもの　　　　　　Side dish

みょうがは、塩と酢で先に下味をつけると色鮮やかに。
さっとゆでたオクラとあえれば、サクサクと食感も軽やか。

材料 （2〜3人分）

オクラ … 10本
みょうが（薄切り）… 1個
A ┃ 塩 … 少々
　┃ 酢 … 小さじ1
オリーブ油 … 大さじ1
削り節 … 適量

作り方

1. オクラはガクをくるりとむき、塩少々（分量外）を加えた熱湯でさっとゆで、斜め4等分に切る。
2. ボウルにみょうが、Aを入れて混ぜ、1、オリーブ油を加えてあえる。器に盛り、削り節をのせる。

● Vegetable, Tofu, Beans Ragoût

7. 厚揚げのベトナム風トマト煮
Vietnamese-Style Thick-Fried Tofu in Tomato Sauce

ベトナムで食べた料理。イタリアンのようですが、ナンプラーでぐっとベトナム風に。
さっと炒めたなす、パプリカ、ズッキーニを加えて作っても。

材料（2〜3人分）

厚揚げ（2cm角に切る）… 小3個（400g）
A ┃ にんにく（つぶす）… 1かけ
  ┃ 赤唐辛子（小口切り）… ½本
ホールトマト缶 … 1缶（400g）
ナンプラー … 小さじ2
バジルの葉（ちぎる）… 3枚
サラダ油 … 大さじ2
こしょう … 少々

作り方

1. フライパンにサラダ油、Aを入れて弱火にかけ、香りが出たら厚揚げを加え、中火で全体をこんがり焼く。
2. ホールトマト（つぶしながら）を加え、ふたをしないで中火で10分煮詰める。
3. ナンプラーで味を調え、バジルを加え、器に盛ってこしょうをふる。

＊タイ米を添える

Chapter.5
Special Ragoût

🍳 ごちそう煮込み

見た目が華やかで、おもてなしにもぴったりな煮込みです。
用意する材料が多かったり、肉だねを作って詰めたりと、
少し手間はかかりますが、煮込む時間はどれも15分以内。
クスクスを合わせたり、手作りのソースを添えるなどして
風味をさらにアップさせながら食べると、
食卓がぐんと楽しくなって、会話もはずみそうです。

1. かぶのひき肉詰めの ドライトマト煮
Stuffed Turnip and Couscous with Sun-Dried Tomatoes

南仏で食べたトマトのファルシーを、かぶでアレンジしました。
肉だねを詰めたかぶを、ドライトマトとともに煮込み、
そのうまみが詰まったスープをクスクスに吸わせます。
中近東の唐辛子ペースト・アリッサが合いそうだなあと、
豆板醤で作れるソースも考えてみました。
⇒作り方は84ページ

2. ラムチョップのタジン風
Lamb Chop Tagine

モロッコのスパイシーな蒸し料理・タジン風の煮込みです。
肉のうまみ、スパイスの香りがしみたたっぷりの野菜を、
骨つきのラムと一緒に食べる、おいしさといったら。
タジンにはフルーツが入る場合も多いので、
最後にマーマレードを加えてからめ、本場っぽく仕上げます。
⇒作り方は84ページ

3.
えびと白身魚のブイヤベース風
Bouillabaisse with Prawn and Red Bream

南フランスの郷土料理を、日本の鮮度のよい魚介を使って、
さっと煮るだけのレシピにアレンジしました。
えび、魚、貝の3種類が入ると、だしがよく出て格別な味わいに。
魚はアラでもよく、その場合は熱湯をかけて、くさみを抑えます。
ブイヤベースに欠かせないソース・ルイユも簡単に作って添えます。
⇒作り方は85ページ

4.
白身魚のえびチリ卵
Cod, Prawn, and Scrambled Eggs in Chili Sauce

えびの濃厚なうまみが詰まったえびチリに、ふんわり卵を合わせ、
ほろっとくずれるたらを加えた、ボリュームのあるひと皿です。
目にも鮮やかなチリソースの赤に、卵のかわいい黄色。
大皿に盛りつければ、とびきりのごちそうに。
辛いものが好きな方は、赤唐辛子を追加して作っても。
⇒作り方は85ページ

♦ Special Ragoût

1. かぶのひき肉詰めのドライトマト煮
Stuffed Turnip and Couscous with Sun-Dried Tomatoes

材料 （3〜4人分）

かぶ（葉のつけ根を平らに切り落とす）… 6個
豚ひき肉 … 150g

A
- パン粉 … 大さじ3
- 牛乳 … 大さじ2
- 塩 … 小さじ1/4
- イタリアンパセリ（みじん切り）… 2本
- ドライトマト（粗く刻む）… 大1枚（8g）

B
- 白ワイン … 1/4カップ
- 固形スープの素 … 1/2個

クスクス … 1/2カップ
イタリアンパセリ（ちぎる）… 適量

【豆板醤ソース】
豆板醤大さじ2、にんにくのすりおろし1/4かけ分、クミンシード小さじ1/4、レモン汁・レモンの皮（ワックス不使用のもの）のすりおろし・塩各少々を混ぜる

作り方

1. かぶは皮つきのままスプーンで実を大きくくりぬき、くりぬいた実は半分に切る。ボウルにひき肉、Aを入れ、粘りが出るまで手で練り混ぜ、6等分してかぶに詰める。
2. フライパンに1（くりぬいた実も）、B、水2 1/2カップを入れ、ふたをして強火にかけ、煮立ったら弱めの中火で12〜13分煮る。
3. クスクスをすき間に加え、ふたをして弱火で3〜4分煮、イタリアンパセリを散らす。豆板醤ソースを添える。

Point
かぶは皮つきのまま、スプーンで実をくりぬく。なるべく大きくくりぬいて、肉だねがたくさん入るように。スプーンは、薄くてカーブが少ないものがおすすめ。

2. ラムチョップのタジン風
Lamb Chop Tagine

材料 （3〜4人分）

ラムチョップ … 6本
- 塩 … 小さじ1/2
- こしょう … 少々

A
- 玉ねぎ（8等分のくし形切り）… 1個
- にんじん（小さめの乱切り）… 1本
- ズッキーニ（1cm幅の輪切り）… 1本
- クミン、コリアンダー（シード）… 各小さじ1/2
- 赤唐辛子 … 1/2本

B
- にんにく（つぶす）… 1かけ
- しょうが（薄切り）… 1/2かけ

ホールトマト缶 … 1/2缶（200g）
塩 … 小さじ1/2
オレンジマーマレード … 小さじ1

作り方

1. フライパンにオリーブ油少々（分量外）、Bを入れて弱火にかけ、香りが出たら塩、こしょうをふったラムを加え、中火で両面をこんがり焼く。
2. Aを加えてさっと混ぜ、ホールトマト（つぶしながら）、塩、水1カップを加えてふたをし、煮立ったら弱めの中火で15分煮る。オレンジマーマレードを加え、ひと混ぜする。

＊クスクス（クスクス1カップに熱湯1カップ、塩小さじ1/2を加え、ラップをかけて5分蒸らし、オリーブ油小さじ1を混ぜたもの）を添える

3. えびと白身魚のブイヤベース風
Bouillabaisse with Prawn and Red Bream

材料（3～4人分）

- A
  - 有頭えび（頭を切り、殻に切り目を入れて背ワタを除く）… 4尾（160g）
  - ムール貝 … 5個
- 金目鯛の切り身 … 3枚（300g）
- B
  - 玉ねぎ（みじん切り）… ½個
  - セロリ（みじん切り）… ½本
  - にんにく（みじん切り）… 2かけ
  - 赤唐辛子 … ½本
- トマト（ざく切り）… 1個
- 白ワイン … 1カップ
- ディル（生・ちぎる）… 1～2枝
- サフラン（水大さじ1に5分つける）… 小さじ⅓
- 塩 … 小さじ½
- オリーブ油 … 大さじ1

作り方

1. フライパンにオリーブ油を熱し、**A**（えびの頭も）を中火でえびの色が変わるまで炒める。白ワイン、ディルの茎を加え、ふたをして3～4分蒸し煮にし、貝が開いたら汁ごとすべて取り出す。
2. 続けてオリーブ油大さじ1（分量外）、**B**を入れて中火で炒め、香りが出たら脇に金目鯛を加え、皮目をさっと焼く。
3. トマト、サフラン（汁ごと）、塩、水2カップを加えてふたをし、煮立ったら弱めの中火で5分煮る。
4. **1**を加え、ふたをして弱めの中火で2～3分煮、器に盛ってディルをのせる。

＊バゲット、ルイユ風ソース（マヨネーズ大さじ4、オリーブ油小さじ1、にんにくのすりおろし少々を混ぜたもの）を添える

4. 白身魚のえびチリ卵
Cod, Prawn, and Scrambled Eggs in Chili Sauce

材料（3～4人分）

- 生だらの切り身（3等分に切る）… 3枚（240g）
- 殻つきえび（ブラックタイガーなど・殻をむき、尾と背ワタを除く）… 10尾（100g）
- 卵 … 3個
- A
  - 長ねぎ（みじん切り）… 1本
  - にんにく（みじん切り）… 1かけ
  - しょうが（みじん切り）… ½かけ
- B
  - トマト（ざく切り）… 大1個
  - ケチャップ … 大さじ3
  - 酒 … 大さじ2
  - しょうゆ … 大さじ1
  - 豆板醤、鶏ガラスープの素 … 各小さじ1
- C
  - 片栗粉 … 大さじ½
  - 水 … 大さじ1
- ごま油 … 大さじ1

作り方

1. フライパンにごま油を熱し、**A**を弱火で炒め、香りが出たら、えびを加え、中火でえびの色が変わるまで炒める。
2. **B**、水1½カップを加えてふたをし、煮立ったら中火で3～4分煮る。
3. 混ぜた**C**でとろみをつけ、溶いた卵を回し入れ、ふたをして半熟状に火を通す。器に盛り、香菜（シャンツァイ）のざく切り（分量外）をのせる。

じゃがいもと
ケッパーのサラダ

5. かきとほうれんそうのクリーム煮
Oyster & Spinach in Cream Sauce

かきの豊かなうまみ、ほうれんそうときのこの風味を、
濃厚な生クリームと牛乳でクリーミーにまとめました。
かきは白ワインで煮てから取り出すと、ふっくら香りよく。
ケッパーの酸味がきいた、じゃがいもサラダを合わせます。

♦ Special Ragoût

かきとほうれんそうのクリーム煮
Oyster & Spinach in Cream Sauce

材料 （3～4人分）

- かきのむき身（加熱用）… 20個（300g）
- ほうれんそう（熱湯でさっとゆで、4cm長さに切る）… 2束（400g）
- A
  - 玉ねぎ（薄切り）… ½個
  - マッシュルーム（縦半分に切る）… 1パック（100g）
- にんにく（みじん切り）… 1かけ
- 小麦粉 … 大さじ1½
- 白ワイン … 大さじ4
- 牛乳、生クリーム … 各½カップ
- 塩 … 小さじ1
- バター … 大さじ1

作り方

1. かきは小麦粉大さじ1½（分量外）をまぶす。
2. フライパンにバター、にんにくを入れて弱火にかけ、香りが出たらかきを加え、中火で全体をこんがり炒める。白ワインを加えて煮立たせ、汁ごとかきを取り出す。
3. 続けてバター大さじ2（分量外）、A、塩を入れて中火で炒め、玉ねぎが透き通ったらほうれんそうを加えてさっと炒め、小麦粉を加えてなじむまで炒める。
4. 牛乳、水1カップを加え、ふたをして弱めの中火で5分煮る。2を加えてひと煮立ちさせ、生クリームを加え、火を強めてとろみをつける。

＊押し麦ごはん（米⅔合に押し麦大さじ5を混ぜて炊いたもの）を添える

じゃがいもとケッパーのサラダ　　　Side dish

ケッパーとレモンを加えた、さっぱり味のポテトサラダです。
ケッパーのかわりに、パセリやみつば、青じそやディルでも。

材料 （3～4人分）

- じゃがいも … 3個（360g）
- A
  - アンチョビ（フィレ・粗く刻む）… 2枚
  - オリーブ油 … 大さじ1
- ケッパー … 小さじ1
- レモン … 適量

作り方

1. じゃがいもは洗って水がついたまま1個ずつラップで包み、電子レンジで4～5分加熱して皮をむき、1cm幅の半月切りにする。
2. 混ぜたAを加えてあえ、器に盛ってケッパーを散らし、レモンを添えて絞る。

若山曜子 (わかやま ようこ)

料理研究家。東京外国語大学フランス語学科卒業後、パリへ留学。ル・コルドン・ブルー、エコール・フェランディを経て、パティシエ、グラシエ、ショコラティエ、コンフィズールのフランス国家資格(C.A.P.)を取得。パリのパティスリーなどで経験を積み、帰国後はカフェのメニュー監修、雑誌や書籍、テレビでのレシピ提案などで活躍。自宅で少人数制のお菓子と料理の教室を主宰。著書に『フライパンリゾット』『バターで作る／オイルで作る クッキーと型なしタルトの本』『バターで作る／オイルで作る スコーンとビスケットの本』『バターで作る／オイルで作る マフィンとカップケーキの本』（すべて小社刊）など多数。http://tavechao.com/

デザイン　福間優子
撮影　福尾美雪
スタイリング　池水陽子
調理アシスタント　尾崎史江、鈴木真代、細井美波

取材　中山み登り
校閲　滄流社
編集　足立昭子

 フライパン煮込み

著　者　若山曜子
編集人　小田真一
発行人　永田智之
発行所　株式会社 主婦と生活社
　　　　〒104-8357　東京都中央区京橋3-5-7
　　　　Tel.03-3563-5321（編集部）
　　　　Tel.03-3563-5121（販売部）
　　　　Tel.03-3563-5125（生産部）
　　　　http://www.shufu.co.jp/
印刷所　凸版印刷株式会社
製本所　株式会社若林製本工場
ISBN978-4-391-15253-1

落丁・乱丁の場合はお取り替えいたします。お買い求めの書店か、小社生産部までお申し出ください。
Ⓡ 本書を無断で複写複製（電子化を含む）することは、著作権法上の例外を除き、禁じられています。本書をコピーされる場合は、事前に日本複製権センター（JRRC）の許諾を受けてください。
また、本書を代行業者等の第三者に依頼してスキャンやデジタル化をすることは、たとえ個人や家庭内の利用であっても一切認められておりません。
JRRC（https://jrrc.or.jp　Eメール：jrrc_info@jrrc.or.jp
Tel：03-3401-2382）

©YOKO WAKAYAMA 2019　Printed in Japan

お送りいただいた個人情報は、今後の編集企画の参考としてのみ使用し、他の目的には使用いたしません。詳しくは当社のプライバシーポリシー（http://www.shufu.co.jp/privacy/）をご覧ください。